DECLARATION

DV ROY, PORTANT ATTRIBUTION à chacun des Officiers des Greniers à Sel de ce Royaume, de deux minots de Sel pour leur prouision, francs & exempts de tous droicts & frais : Et trente sols pour leur droict de descente & releuement.

Verifiée en la Cour des Aydes en Normandie le 14. Aoust 1629.

Auec les Arrests du Conseil d'Estat interuenus en consequence, Et Commission addressante aux Officiers desdits Greniers à Sel, portant pouuoir de contraindre & faire contraindre les Adiudicataires desdittes Gabelles, leurs Commis & autres, au payement des droicts à eux attribuez par laditte Declaration, en essence de sel ou en argent, à leur choix.

A PARIS,
Par A. Estiene, P. Mettayer & C. Prevost, Imprimeurs ordinaires du Roy.

M. DC. XXIX.
Auec Priuilege de sa Maiesté.

LOVIS PAR LA GRACE DE DIEV ROY DE FRANCE ET DE NAVARRE, A tous ceux qui ces preſentes Lettres verront, Salut: Sçauoir faiſons. Encores que l'intention de nos predeceſſeurs Roys & la noſtre, n'aye eſté d'accorder aux Officiers tant antiens que nouueaux crées és greniers à Sel de nos Gabelles de France & Ferme de Lyonnois; de prendre dans les Greniers chacun, vn ou deux minots de ſel, francs du prix du marchand & droicts de gabelle, ny pareillement des droicts de deſcentes & releuemens pour les ſels déchargez dans leſdits Greniers pour la fourniture d'iceux; si par les Edicts de creation de leurs Offices, ledit franc-salé & droicts de descentes & releuemens ne leur sont attribuez, & que pour ce ils ayent payé à nos predecesseurs & à nous, la finance raisonnable tout ainsi que des autres droicts & attributions qui leur ont esté faittes, dont ils ioüyssent à present. Neantmoins lesdits Officiers abusans du pouuoir qu'ils ont chacun au Grenier où ils sont establis, prennent chacun, vn ou deux minots de sel franc dudit prix du marchand, de Gabelle & tous autres frais, & se font payer des droicts de descentes & releuemens. Ce qui a apporté vne telle surcharge à nos Fermiers desdittes Gabelles, que souuent ils ont recours à nous, pour leur pouruoir de dédommagement & indemnité. Ce que nous aurions esté obligé de faire: & en mesme téps pour reprimer lesdittes entreprises & abus, nous aurions fait defenses ausdits Officiers, de plus prendre lesdits franc-salé & droicts de descentes & releuemens : Iusques là, que d'auoir fait expedier nos Lettres patentes à aucuns Commissaires à cét effect deputez, pour faire la recherche & verification de ce qui en auoit esté pris, & faire proceder contr'eux extrordinairement sur lesdittes exactions. Lesquelles commissions nous aurions depuis reuoquées à leur instante priere: & pour éuiter à la ruine de plusieurs familles qui se trouuoient comprises dans laditte recherche, se seroient volontairement sousmis à des taxes fort modiques qu'ils nous ont payées, moyennant lesquelles nous les auons deschargez de laditte recherche : sans que lesdits Officiers se soient empeschez de prendre lesdits franc-salé &

droicts de descentes & releuemens, les ayant exigez contre le gré & consentement desdits Adiudicataires, sous pretexte que par l'Arrest de nostredit Conseil du vnziéme Octobre mil six cens vingt-deux, portant reuocation de laditte recherche, il est ordonné qu'ils seront maintenus en la iouïssance dudit franc-salé & droicts de descentes & releuemens, ainsi qu'ils en ont bien & deüement ioüy ou deu iouïr. Ce qui se doit entendre, au cas qu'ils en ayent obtenu Lettres de nous, & payé finance pour iouïr de laditte attribution, la iouïssance ne pouuant estre valable qu'à ceste condition, veu que lesdittes taxes par eux payées, ont esté faites pour estre deschargez de la recherche dudit franc-salé & droicts indeuëment & mal pris. Et depuis lesdits Adiudicataires voulans empescher que lesdits Officiers ne priſſent leſdits pretendus droicts à quoy ils n'eſtoient obligez par leurs baux, ils en auroient fait plaintes en noſtre Conſeil & en noſtre Cour des Aydes de Paris où ils ſont en procez: Souſtenans noſdits Fermiers que ledit frãc-ſalé & droicts de deſcentes, ne ſont attribuez auſdits Officiers : demandants la reſtitution de ce qu'ils en ont prins, que defenſes leur ſoient faites de plus à l'aduenir les prendre : à quoy aucuns deſdits Officiers ont eſté condamnez par les Arreſts de noſtre Conſeil & de laditte Cour des Aydes. Qui fait clairement cognoiſtre qu'ils n'en ont l'attribution par leſdits Edicts, ny payé finance, pour en iouïr ainſi qu'il ſeroit requis, comme des autres droicts dõt ils iouïſſent. En quoy non ſeulement noſdits Fermiers ont ſouffert & ſouffrent de grands dommages & interests pendant le temps de leurs baux, mais encores ledit franc-salé &droicts vsurpez, tournent à nostre preiudice par la diminution du prix de nos Gabelles, sans que nos predecesseurs & nous ayent eu aucun profit de la finance que lesdits Officiers ont deu payer pour ioüyr desdits franc-salé & droicts. A QVOY voulans pouruoir, consideré qu'en la necessité presente de nos affaires, nous ne pouuons auec moindre charge à nos subjets & à nos finances, tirer vn plus prompt secours, qu'en attribuant ausdits Officiers ledit franc-salé, droicts de descentes & releuemens, en nous payant la taxe moderée qui sera pour ce faitte en nostre Conseil : enquoy faisant aussi, lesdits Officiers receuront du soulagement, en ce qu'ils seront deschargez des recherches qui pourroiẽt estre encores faittes contr'eux: & pour

terminer

terminer les procez & differends qu'ils ont auec leſdits Fermiers adiudicataires de nos Gabelles: A CES CAVSES, apres auoir mis cette affaire en deliberation en noſtre Conſeil, DE l'aduis d'iceluy, & de noſtre certaine ſcience, pleine puiſſance & authorité Royale, auons dit, declaré & ordonné, & par ces preſentes ſignées de noſtre main, diſons, declarons & ordonnons, voulons & nous plaiſt, que chacun des Receueurs & Controlleurs generaux de nos Gabelles, Grenetiers, Controlleurs, Lieutenans, Gardes & Controlleurs des grandes & petites meſures, nos Procureurs & Aduocats, Garde du petit ſeel, Greffiers & Clercs, & Receueurs particuliers de chacun Grenier à ſel de nos Gabelles de France & Ferme de Lyõnois ditte la part du Royaume, ayent, & leur auons attribué à chacun, deux minots de ſel pour leur prouiſion, frãcs & exempts de nos droicts de Gabelles, creuës tant antiennes que nouuelles miſes & à mettre ſur ledit ſel, & de tous autres frais generalemẽt quelconques. Et iceux deux minots auoir & prẽdre par chacun an tant en exercice que hors d'iceluy, dans les greniers où leſdits Officiers ſont eſtablis, quand bon leur ſemblera, en la preſence de noſdits Fermiers adiudicataires ou de leurs Commis, qui ſeront tenus leur en faire la meſure tout de meſme que celuy qui eſt vendu auſdits greniers ſans en abuſer. Comme auſſi auons attribué & attribuons par ceſdittes preſentes auſdits Grenetiers, Controlleurs, Lieutenans, nos Aduocats & Procureurs, Greffiers & leurs Clercs, les droicts de deſcentes & releuemens des ſels qui ſeront deſchargez & meſurez pour la fourniture de chacun grenier, tant d'impost, entrepost, qu'autres. Lesquels droicts nous auons reglez à trente sols pour muid, de quarante huict minots à départir : Sçauoir ausdits Grenetiers & Controlleurs, chacun sept sols: aux Lieutenans & Controlleurs, quatre sols outre les trois qui leur ont esté accordez par l'Edict de leur creation : à nostre Procureur, quatre sols : à chacun Greffier, quatre sols : Pour iouïr desdits droicts chacun en l'année de son exercice seulement, qui leur seront payez par nosdits Fermiers presens & à venir. A la charge de payer par tous lesdits Officiers au Tresorier de nos Parties Casuelles, ou au porteur de ses quittances, la somme à laquelle chacun d'eux sera moderément taxé en nostre Conseil pour la iouïssance dudit droict de franc-salé & droicts de descentes & releuemens cy-dessus ſpecifiez. Et en ce faiſant, ſeront & demeureront leſdits Officiers quittes & deſchargez, comme par ces preſentes nous les quittons & deſchargeons, de toutes recherches qu'on pourroit faire contr'eux pour raiſon deſdits franc-ſalé & droicts par eux pris depuis la reuocation de la derniere recherche: enſemble de tous procez & differends qui ſe ſont meus entr'eux & noſdits Fermiers adiudicataires ſoit en noſtre Conſeil, Cour des Aydes ou ailleurs: & ſans que leſdits Officiers puiſſent pretendre à l'aduenir autre droict de franc-ſalé que leſdits deux minots chacun, ny plus grands droicts de deſcentes que leſdits trente ſols, moyennant leſquels ils ſeront tenus de vaquer inceſſamment aux deſcentes, enuoy & meſurages, ſans que pour ce ils puiſſent ſe faire défrayer, à peine de reſpondre en leurs propres

& priuez noms des dommages & interests desdits Adiudicataires & leurs voituriers : ny obliger lesdits Fermiers & voituriers à autres frais, ce que nous leur defendons à peine de concussion & d'estre procedé à l'encontre d'eux suiuant la rigueur de nosdittes Ordonnances. SI DONNONS EN MANDEMENT à nos amez & feaux Conseillers les gens tenans nos Cours des Aydes à Paris, Roüen, Montpellier & Dijon, chacun endroit soy, que ces presentes ils ayent à faire registrer, garder & obseruer, & du contenu iouïr & vser lesdits Officiers de nos Gabelles & greniers à sel, plainement & paisiblement, sans souffrir ou permettre qu'ils y soient troublez en quelque sorte que ce soit, nonobstant oppositions ou appellations quelconques, Edicts, Ordonnances, Arrests, Reglemens, Defenſes, & autres Lettres à ce contraires, auſquelles pour ce regard nous auons expreſſément dérogé & dérogeons par ces preſentes. En témoin dequoy nous auons à icelles fait mettre & appoſer noſtre ſeel: CAR tel eſt noſtre plaiſir. Donné à Paris le vingt-ſeptiéme iour de Mars l'an de grace mil ſix cens vingt-ſept, & de noſtre regne le dix-ſeptiéme. Signé, LOVIS, & ſur le reply, Par le Roy, LE BEAVCLERC, & ſeellées du grand ſeau de cire iaune.

EXTRAICT DES REGISTRES de la Cour des Aydes en Normandie.

Ev par la Cour les Lettres patentes du Roy en forme d'Edict, données à Paris le vingt-ſeptiéme iour de Mars mil ſix cens vingt-ſept,

Par lesquelles pour soulager les Officiers des Gabelles de la recherche qui se pourroit faire à cause du droict de franc-salé dont ils ont ioüy, & des droicts de descente & releuement des sels déchargez dans les greniers pour la fourniture d'iceux; & terminer les procez & differends qu'ils ont auec les Fermiers adiudicataires desdittes Gabelles: Sa Majesté de l'aduis de son Conseil, & de sa science, pleine puissance & authorité royale, attribuë à chacun des Receueurs, Controlleurs generaux de ses Gabelles, Grenetiers, Controlleurs, Lieutenans, Gardes & Controlleurs des grandes & petites mesures, ses Procureurs & Aduocats, Garde du petit Sel, Greffiers, Clercs & Receueurs particuliers en chacun grenier à Sel de ce Royaume, deux minots de sel pour leurs prouision, francs & exempts de ſes droicts de Gabelle , Creües tant antiennes que nouuelles miſes & à mettre ſur ledit ſel, & de tous autres frais generalement quelconques : pour iceux deux minots de ſel, auoir & prendre par chacun an tant en exercice que hors iceluy, dás les greniers où leſdits Officiers ſont eſtablis, quand bon leur ſemblera, en la preſence deſdits Fermiers des Gabelles ou de leurs Commis, qui ſeront tenus leur en faire la meſure ainſi que de celuy qui eſt vendu auſdits greniers ſans en abuſer. Et outre attribuë ſaditte Majeſté auſdits Grenetiers, Controlleurs, Lieutenans, ſes Aduocats & Procureurs, Greffiers & leurs Clercs, les droicts de deſcente & releuement des ſels qui ſeront deſchargez & meſurez pour la fourniture de chacun grenier, tant d'impoſt, entrepoſt, que autres. Leſquels droicts ledit

Seigneur

Seigneur a reglé à trente ſols pour muid, de quarante huict minots à departir : Sçauoir auſdits Grenetiers & Controlleurs , chacun ſept ſols : aux Lieutenans & Controlleurs, quatre ſols: à chacun Greffier, quatre ſols outre les droicts qui leur ont eſté accordez par l'Edict de leur creation: au Procureur de ſa Majeſté, quatre ſols: Pour iouïr deſdits droicts chacun en l'année de ſon exercice ſeulement, qui leur ſeront payez par leſdits Fermiers preſens & aduenir. A la charge de payer par tous leſdits Officiers au Treſorier de ſes Parties Caſuelles ou au porteur de ſes quittances, la ſomme à laquelle chacun d'eux ſera moderément taxé audit Conſeil pour la iouïſſance dudit droict de franc-ſalé, droicts de deſcentes & releuemens cy-deſſus ſpecifiez. Ce faiſant demeureront leſdits Officiers quittes &

deſchargez de toutes recherches que l'on pourroit faire contre eux pour raiſon deſdits franc-ſalé & droicts par eux pris depuis la reuocation de la derniere recherche : enſemble de tous procez & differends qui ſe ſont meus entre eux & leſdits Fermiers adiudicataires ſoit audit Conſeil ou ailleurs: & ſans que leſdits Officiers puiſſent pretendre à l'aduenir autre droict de franc-ſalé , que leſdits deux minots chacun, ny plus grands droicts de deſcente que leſdits trente ſols : moiennant leſquels ils ſeront tenus de vaquer inceſſamment aux deſcentes, enuoy & meſurages, ſans que pour ce ils ſe puiſſent faire défrayer , à peine de reſpondre en leurs priuez noms des dommages & intereſts deſdits Adiudicataires & de leurs voituriers : ny les obliger à autres frais , à peine de concuſſion, comme plus au long leſdittes Lettres le contiennent. Autres Lettres patentes de ſa Majeſté données à Paris le ſeiziéme iour de Iãuier, an preſent mil ſix cents vingt-neuf, par leſquelles eſt mãdé à laditte Cour, ſans s'arreſter à ce que leſdittes Lettres de Declaration ne luy ont eſté preſentées dans l'an de leur impetration, proceder à la verification pure & ſimple d'icelle ſelon leur forme & teneur. Requeſte preſentée par le Procureur General du Roy aux fins de la verification. Autres preſentées par les Officiers des greniers à ſel de ceſte Prouince, & des proprietaires en general des Offices de Gardes des petits Seaux, Greffiers, Maiſtres Clercs, antiens alternatifs & triennaux ; Commiſſaires & Collecteurs de l'impoſt du ſel de ceſte ditte Prouince ; à ce qu'il pleuſt à la Cour les receuoir oppoſans à laditte verification. Les cauſes d'oppoſition baillées par écrit par lesdits Officiers suiuant l'Arrest de la Cour: ensemble les pieces dont se sont aidez pour le soustien d'icelles : auec les copies des quittances de finance payées par aucuns desdits Officiers pour la iouïssance dudit droict de franc-salé & des descentes, & dispense de toutes recherches du passé suiuant l'Arrest du Conseil du vnziéme Octobre mil six cens vingt-deux. Vidimus dudit Arrest. Copie du rolle & estat des taxes faites au Conseil du Roy en execution dudit Arrest du vingt-huictiéme de Nouembre audit an six cents vingt-deux. Ensemble vn vidimus de la requeste presentée au Roy en sondit Conseil par lesdits Officiers des Gabelles de ce Royaume, aux fins de la reuocation dudit Edict & Declaration. Et plusieurs copies de Lettres de franc-salé, accordées par le Roy aux habitans des villes du Haure, Diepe, Harfleur & Fescamp: & ce dont lesdits opposants se sont aidez. Tout consideré, LA COVR du tres expres commandement du Roy a ordonné & ordonne, que lesdittes Lettres d'Edict seront registrées és registres d'icelle, pour ioüir par les Officiers des greniers à sel de ceste Prouince, de l'attribution des trente sols pour muid de sel dont mention est faite audit Edict, pour droicts de descentes & releuements du sel qui sera descendu ausdits greniers, & releué d'iceux. Et pour le regard des deux minots de sel de nouuelle attribution ausdits Officiers; que ceux qui se trouueront establis dans les greniers ausquels le droict de franc-salé a lieu, en demeureront deschargez, & ne pourront estre compris pour ce sujet, aux taxes qui seront faites en execution dudit Edict, ny aucuns desdits Officiers contraints par corps au payement desdittes taxes. Et où ils ne leueront la quantité entiere du sel à eux attribué par ledit Edict pour ne le pouuoir consommer dans l'vsage ordinaire de leur famille, ce qui restera à leuer par chacun d'iceux à la fin de l'année, leur sera payé en deniers: & qu'à ceste fin liquidation se fera par les Grenetiers & Controolleurs de chacun grenier, presence du Commis de l'Adiudicataire, de la valeur dudit sel à l'égal du prix qui se vend ausdits greniers; pour en estre lesdits Officiers payez à l'équipolent de ce qui leur pourra appartenir, par les mains des Receueurs ordinaires desdits greniers, sur les deniers qui prouiendront des premieres ventes de sel qui seront faites en chacun d'iceux. FAIT en laditte Cour des Aydes à Roüen le quatorziéme iour d'Aoust mil six cens vingtneuf. *Signé*, DE GRVCHET.

EXTRAICT DES REGISTRES *du Conſeil d'Eſtat.*

E Roy voulant pouruoir au recouurement des taxes faites en ſon Conſeil ſur les Officiers des Greniers à Sel de France & Ferme de Lyonnois, pour iouïr de deux minots de franc-ſalé & droicts de deſcente & releuement à eux attribuez par ſon Edict du mois de Mars dernier, afin que ſa Majeſté ſoit promptement ſecouruë des deniers qui en doiuent prouenir en la neceſſité preſente de ſes affaires: SADITE MAIESTÉ en ſon Cõſeil, a ordõné & ordonne, que leſdits Officiers des Greniers à Sel de France & Ferme de Lyonnois, payeront les ſommes auſquelles ils ont eſté taxez pour iouïr dudit droict de franc-ſalé, droict de

de descente & releuement, & ce dans quinze iours apres la signification qui leur en sera faite aux Greffes desdits Greniers. A quoy faire, & ledit temps passé ils y seront contraints en vertu du present Arrest, par saisies de leurs gages & autres droicts dont ils iouïssent, & autres voyes deuës & raisonnables. Et ne pourront lesdits Officiers estre receus au payement dudit droict annuel de leurs Offices pour l'année presente & les suiuantes, qu'au preallable ils n'ayent payé & acquitté lesdittes taxes: Faisant defenses tres-expresses aux Tresoriers de ses parties Casuelles & leurs Cõmis, de receuoir ledit droict annuel, ny faire taxer aucune resignation desdits Offices, s'il ne leur apparoist de la quittance des susdittes taxes Fait au Conseil d'Estat du Roy tenu à Paris le dernier iour de Iuin 1627. *Signé,* BARDEAV.

COM.

COMMISSION.

LOVIS par la grace de Dieu Roy de France & de Nauarre, A nostre Huissier ou Sergent premier sur ce requis. Nous te mandons & commandons que l'Arrest dont l'extraict est cy attaché sous le contreseel de nostre Chancellerie, ce iourd'huy donné en nostre Conseil d'Estat, Tu signifies aux Officiers des Greniers à Sel de nostre Royaume, à ce qu'ils n'en pretendent cause d'ignorance: & que dans quinze iours de laditte signification, ils ayent à payer les sommes ausquelles ils ont esté taxez en nostredit Conseil pour iouïr des deux minots de Sel de franc-salé, droicts de descente & releuement, à eux attribuez par nostredit Edict du mois de Mars dernier. Et à faute de ce faire dans ledit temps & celuy passé, tu les y contraindras par ſaiſie de leurs gages & droicts dont ils iouïſſent, & par toutes autres voyes deuës & raiſonnables. De ce faire & tous autres actes & exploits requis & neceſſaires pour l'execution dudit Arreſt, te donnons pouuoir, ſans que tu ſois tenu demander autre congé ne permiſſion, nonobſtant clameur de Haro, Chartre Normande, priſe à partie & Lettres à ce contraires. Et dautant que dudit Arreſt & des preſentes on pourra auoir beſoin en pluſieurs & diuers lieux, nous voulons qu'aux copies deuëment collationnées par l'vn de nos amez & feaux Conſeillers & Secretaires, foy ſoit adiouſtée & execution s'en enſuiue cõme en vertu des originaux: CAR tel eſt noſtre plaiſir. DONNE' à Paris le dernier iour de Iuin, l'an de grace mil ſix cens vingt-ſept, & de noſtre regne le dix-huictiéme. Signé, Par le Roy en son Conseil, BARDEAV: & seellée du grand seau de cire iaune à simple queuë.

EXTRAICT DES REGISTRES *du Conseil d'Estat.*

VR ce qui a esté remonstré, Que les Officiers des Greniers à Sel de France & Ferme de Lyonnois, font difficulté de payer les taxes faites sur eux pour iouïr chacun de deux minots de franc-salé, à eux attribuez par les Lettres de Declaration de sa Majesté du 27. Mars dernier, S'excusans sur ce qu'aucũs d'eux estãs pourueus de plusieurs Offices, il leur seroït impossible de consommer leurdit Sel : pour les autres qui ne sont demeurans & residens dans le ressort de leurs Greniers, que ce leur ſeroit vne tres-grande peine & deſpenſe de faire porter chez eux le Sel qu'ils ſeroient obligez prendre eſdits Greniers : d'ailleurs, qu'en la conduitte & voiture dudit Sel, il y pourroit arriuer à toutes heures des difficultez & empeſchements par les Gardes des Fermiers, qui preſumeroient que ce ſeroit du faux Sel, & par ce moyen que laditte attribution ſeroit à charge & onereuſe auſdits Officiers : A quoy voulant pouruoir, LE ROY EN SON CONSEIL, a ordonné & ordonne, que ceux deſdits Officiers qui ſeront pourueus de pluſieurs Offices, ou qui ne ſeront reſidens dans le reſſort de leurs Greniers, enſemble ceux qui ne voudront prendre laditte attribution en eſſence de Sel, pourront aux ouuertures des Greniers prendre ledit Sel en argent, ſur les deniers de la vente du mesme iour. Et en ce faisant sa Majesté leur a fait tres-expresses inhibitions & defenses de se faire donner ny prendre aucun Sel en essence, soit par don, gratification ny autrement, pour quelque cause ou occasion que ce soit, à peine de concussion & de priuation de leurs Offices. Fait au Conseil d'Estat du Roy tenu à Orleans le 29. iour de Septembre mil six cens vingt-sept.

Signé, PARTICELLE.

COMMISSION ADDRESSEE aux Officiers des Greniers à Sel de ce Royaume.

LOVIS par la grace de Dieu Roy de France & de Nauarre, Aux Grenetiers, Lieutenans, Controlleurs & Officiers des Greniers à Sel de nostre Royaume. Par l'Arrest de nostre Conseil cy attaché sous le contreseel de nostre Chancellerie, nous auons ordonné, que ceux d'entre vous ou autres Officiers de nos Gabelles, qui se trouueroient pourueus de plusieurs Offices, ou ne seroient residens és Greniers de leurs establissements, ou qui ne voudroient prendre en essence les deux minots de Sel attribuez à chacun de leurs Offices par nostre Declaration du 27. Mars dernier, pourroient prendre la valeur dudit Sel en argent sur les deniers de la vente du mesme iour. Mais dautant qu'en l'execution dudit Arrest il y pourroit suruenir plusieurs difficultez pour la diuersité, differen-ce des Officiers, la pluspart desquels ne sont obligez à residence : A CES CAVSES, nous vous mandons & ordonnons, que ledit Arrest de nostre Conseil vous ayez à faire garder & obseruer, & de l'effect d'iceluy, iouïr les Officiers de nosdittes Gabelles, pleinement & paisiblement, mesmes des droicts de descentes & releuements des Sels, attribuez à chacun desdits Officiers des Gabelles par nostredite Declaration: Et en ce faisant contraindre & faire contraindre les Adiudicataires de nosdittes Gabelles, leurs Commis & autres qu'il appartiendra, comme pour nos deniers & affaires, à la deliurance desdits deux minots de Sel pour chacun de nosdits Officiers, ou la valeur en argent, à leur choix, sur les deniers prouenans de la vente du Sel du mesme iour, à ceux qui le voudront prendre en argent. Tous lesquels droicts de franc-salé, descente & releuement, nous voulons leur estre deliurez & payez ou à leurs Commis en cas d'absence. Commandons aussi à nostre Huissier ou Sergent premier sur ce requis, faire en vertu dudit Arrest, des presentes & de vos Ordonnances, tous exploits de commandemens, significations & contraintes necessaires, sans qu'il soit tenu de demander autre permission, nonobstant oppositions ou appellations & autres empeschemens, pour lesquels ne voulons l'execution dudit Arrest estre differée. Et dautant que dudit Arrest & des presentes, on pourra auoir besoin en plusieurs & diuers lieux, nous voulons qu'à la copie deuëment collationnée par l'vn de nos amez & feaux Conseillers & Secretaires, foy soit adioustée comme aux originaux: Car tel est nostre plaisir. Donné à Orleans le vingt-neufiéme iour de Septembre, l'an de grace mil six cens vingt-sept.

& de nostre regne le dix-huictiéme. Signé, Par le Roy en son Conseil, PARTICELLE: & seellée du grand seel de cire jaune sur simple queuë.

EXTRAICT DES REGISTRES *du Conseil d'Estat.*

VR ce qui a esté remonstré au Roy en son Conseil, Que quelque diligēce qui aye peu estre faitte depuis la verification des Lettres de Declaration, portant attribution de deux minots de franc-salé, droicts de descentes & releuements aux Officiers des Greniers à Sel de ce Royaume, pour le recouurement des sommes ausquelles ils ont esté pour ce taxez audit Conseil : Il a esté impossible iusques à present d'en recouurer la dixiéme partie, à cause que la pluspart desdits offices sont exercez par personnes interposez par lesdits Officiers, contre lesquels il n'y a aucunes voyes de contraintes que pour les gaiges & droicts attribuez ausdits Offices, dont on ne peut auoir certaine cognoissance. Et pour le regard de ceux qui les exercent en personne, par monopoles & intelligences des vns auec les autres, mesme par intimidation & voye de faict contre les Sergents porteurs desdites contraintes, empeschẽt formellement l'effect desdites Lettres de Declaration & des Arrests donnez en consequence, & taschent de les consommer en frais de voyages & autrement, afin d'en eluder l'execution. Que si aucuns desdits Officiers viennent à payer lesdites taxes, ils pretendent deuoir ioüyr desdits droicts de franc-salé, descentes & releuements du iour & datte des quittances qui en ont esté expediées dés le mois de Iuillet dernier, bien qu'ils ne payent que six & neuf mois apres, & que la ioüissance en appartienne aux porteurs desdites quittances, iusques au iour que lesdits Officiers payent lesdites taxes. A quoy estant besoin de pouruoir : LE ROY EN SON CONSEIL, conformément ausdites lettres de Declarations & Arrests donnez en consequence, A ordonné & ordonne que les Officiers desdits Greniers à sel qui n'ont encores payé les sommes ausquelles ils ont esté taxez pour iouïr desdits droicts de franc-salé, descentes & releuements y seront contraints par les voyes portées par lesdits Arrests, Ensemble au payement de douze liures pour chacun Officier pour les frais & voyages des Huissiers

& Sergents qui leur feront le fecond commandement, & de pareille fomme pour le troifiefme, outre les fommes qui feront écheuës pour la iouïffance defdits droicts depuis la datte defdittes quittances, iufques au iour qu'ils auront payé lefdites taxes, Au payement defquelles fommes ils feront auffi contraints conioinctemēt auec celles defdites taxes & frais des Sergents, Et moyennant ce ils iouïront defdits droicts de franc-falé, defcentes & releuements du iour & datte defdites quittances, & non autremēt. Ordonne fa Majefté que le prefent Arreft fera executé, nonobftant oppofitions ou appellations quelconques, faifies & arrefts qui pourroient eftre faits fur les gaiges & droicts defdits Officiers, fauf aux faififfans de fe pouruoir fur les autres biens defdits Officiers ainfi qu'ils aduiferont bon eſtre. Fait au Conſeil d'Eſtat du Roy tenu à Paris le neufiéme iour de Mars 1628. Signé, PARTICELLE.

LOVIS par la grace de Dieu Roy de France & de Nauarre, A noſtre Huiſſier ou Sergent premier ſur ce requis. Nous te mandons & commandons que l'Arreſt de noſtre Cóſeil d'Eſtat cy attaché ſous le contreſeel de noſtre Chancellerie, tu mettes à deuë & entiere execution de poinct en poinct ſelon ſa forme & teneur contre les Officiers de nos Gabelles, nonobſtant oppoſitions ou appellations quelconques, ſaiſies & arreſts qui pourroient eſtre faits ſur leurs gages & droicts, Pour leſquelles & ſans preiudice d'icelles ne voulons eſtre differé. Faiſant pour ce toutes ſignifications, commandemens, executions, contraintes & autres exploits necessaires, sans que tu sois tenu demander autre permission. Et dautant que de nostredit Arrest & des presentes on pourra auoir besoin en plusieurs & diuers lieux, nous voulons qu'aux coppies deuëment collationnées par l'vn de nos amez & feaux Conseillers & Secretaires, foy soit adioustée comme aux originaux: Car tel est nostre plaisir. DONNE' à Paris le neufiéme iour de Mars, l'an de grace 1628. Et de nostre regne le dix-huictiéme. Signé par le Roy en son Conseil, PARTICELLE, & seellées du grand seau de cire iaune.

Collationné aux Originaux par moy Conseiller Secretaire du Roy, & de ses Finances.

www.ingramcontent.com/pod-product-compliance
Ingram Content Group UK Ltd.
Pitfield, Milton Keynes, MK11 3LW, UK
UKHW021042180726
13838UKWH00004B/1958